S.1
Lb 3616.

NAPOLÉON
ET
LES PARTHES.

EXTRAIT
DES
Souvenirs sur le Bibliothécaire de l'Empereur,
Par L. B.

EXTRAIT DU SPECTATEUR MILITAIRE.
(Cahier de Septembre 1842.)

1842

PARIS. IMPRIMERIE DE BOURGOGNE ET MARTINET, RUE JACOB, 30.

NAPOLÉON ET LES PARTHES.

(Extrait des *Souvenirs sur le Bibliothécaire de l'Empereur.*)

Dans une assez longue lettre dictée à Bayonne pour son bibliothécaire, Napoléon, après avoir tracé le plan d'une *Bibliothèque historique portative*, qu'il eut le projet de faire imprimer pour son usage particulier, demandait en même temps les travaux mentionnés dans le fragment que nous reproduisons ici :

Bayonne, 17 juillet 1808.

« L'Empereur désirerait également que M. Barbier
» s'occupât du travail suivant avec un de nos meilleurs
» géographes :
» Rédiger des Mémoires sur les campagnes qui ont eu
» lieu sur l'Euphrate et contre les Parthes, à partir de
» celles de Crassus jusqu'au VIIIe siècle, en y compre-
» nant celles d'Antoine, de Trajan, de Julien, etc.
» Tracer sur des cartes d'une dimension convenable
» le chemin qu'a suivi chaque armée, avec les noms
» anciens et nouveaux des pays et des principales villes ;
» des observations géographiques du territoire, et des
» relations historiques de chaque expédition, en les
» tirant des auteurs originaux (1). »

(1) A l'occasion des recherches géographiques et historiques deman-

Dans les premiers jours du mois de septembre, au moment du retour du voyage dans le Midi, M. Barbier, décédé par Napoléon, nous ferons connaître les observations dictées par lui en 1807, et datées de son camp de Finkinstein.

Voici à quelle occasion ces remarques furent faites.

Au mois d'avril 1807, une année environ avant l'organisation définitive de l'Université Impériale, M. de Champagny, alors Ministre de l'Intérieur, avait adressé au quartier-général un projet concernant la création de certaines écoles spéciales : après avoir pris connaissance de ce projet, l'Empereur répondit au Ministre :

« On pourrait donc s'occuper de l'organisation d'une sorte d'*Univer-*
» *sité de Littérature*, puisque l'on comprend dans ce mot, non seulement
» les *Belles-Lettres*, mais encore l'*Histoire* et nécessairement la *Géogra-*
» *phie*, car on ne peut songer à l'une sans songer à l'autre.
» Cette Université pourrait être le Collége de France, puisqu'il existe;
» mais il faudrait qu'elle fût composée d'une trentaine de chaires, si
» bien liées entre elles, qu'elle présentât comme une sorte de bureau
» vivant d'instruction et de direction, où quiconque voudrait con-
» naître tel siècle pût demander quels sont les ouvrages qu'il doit ou
» ne doit pas lire, quels sont les mémoires, les chroniques qu'il doit
» consulter; où tout homme qui voudrait parcourir une contrée pût
» trouver une instruction positive, soit sur la direction qu'il doit donner
» à son voyage, soit sur le gouvernement qui gouverne telle ou telle
» partie où il voudrait porter ses recherches.
» Il est de fait qu'il manque quelque chose dans un grand État où
» un jeune homme studieux n'a aucun moyen de recevoir une bonne
» éducation sur ce qu'il veut étudier, est obligé d'aller comme à tâtons
» et de perdre des mois et des années à chercher, à travers des lectures
» inutiles, le véritable aliment de son instruction.
» Il est de fait qu'il manque quelque chose dans un grand État où,
» pour avoir des notions positives sur la situation, le gouvernement,
» l'état présent d'une portion quelconque du Globe, il faut avoir re-
» cours ou au Dépôt des Affaires Étrangères, qui ne contient pas tout,
» quelque trésor qui y soit enfoui, ou aux bureaux de la Marine, qui
» fort souvent ne savent pas ce qu'on peut leur demander.
» Sa Majesté désire ces institutions. Elles ont été depuis long-temps
» l'objet de ses méditations, parce qu'ayant beaucoup travaillé, elle en
» a personnellement senti le besoin. »

(*Lettre du 19 avril 1807.*)

après avoir dressé une liste générale des ouvrages à consulter pour les recherches relatives aux divers mémoires demandés, mit sous les yeux de l'Empereur le résumé suivant :

NOTE POUR SA MAJESTÉ SUR QUELQUES UNES DES PRINCIPALES EXPÉDITIONS DES PARTHES.

Le royaume des Parthes eut pour fondateur Arsace, Bactrien de naissance ; l'an 256 avant Jésus-Christ, il engagea les Parthes à secouer le joug des Séleucides leurs maîtres, et à lui déférer le titre de Roi. Cette monarchie, petite dans ses commencements, s'étendit avec rapidité, embrassa la plus grande partie de l'Asie, et devint la terreur et l'émule de l'Empire Romain. Les successeurs d'Arsace furent au nombre de quatorze, lui compris, jusqu'à Jésus-Christ. Leur résidence était tantôt à Ecbatane, tantôt à Ctésiphon, qui furent les deux capitales de leurs États.

L'an 199 de Jésus-Christ, Artaban était roi des Parthes. L'an 222, un Perse, nommé Artaxercès, s'éleva contre lui, lui déclara la guerre, et mit en déroute l'armée qu'il lui opposa. L'année suivante, vainqueur dans une deuxième bataille, il mit en fuite Artaban et se rendit maître du trône. Comme il était fils de Sassan, ses successeurs furent appelés *Sassanides*. Les successeurs d'Arsace avaient été nommés *Arsacides*.

Il ne se passa rien de très remarquable sous les rois Arsacides des Parthes : plusieurs furent chassés du trône et y remontèrent ensuite. Vers l'an 36 de Jésus-Christ, Artaban III, l'un d'eux, eut une entrevue sur un pont de l'Euphrate avec Vitellius, gouverneur de

Syrie, chacun étant accompagné d'un nombreux cortége. Hérode Antipas, Tétrarque de Galilée, qui s'y était rendu, les traita splendidement ensuite l'un et l'autre, dans un magnifique salon qu'il avait fait construire au milieu du fleuve.

L'an 420, Vavarane IV, roi Sassanide des Perses, ayant redemandé à Théodose-le-Jeune des chrétiens qui s'étaient sauvés à Constantinople, Théodose répondit que l'empire était un asile toujours ouvert aux innocents, et que pour les traîner en Perse, afin d'y répandre leur sang, il faudrait que Vavarane vînt les arracher d'entre ses bras. Cette réponse fut suivie d'une rupture entre l'empire et la Perse. Ardabure, général de Théodose, s'étant mis le premier en campagne, remporta sur les Perses, commandés par Narsès, une victoire qui fut célébrée à Constantinople, le 6 septembre 421, par de grandes réjouissances. Narsès, poursuivi par le vainqueur, se retira à Nisibe, où il ne tarda pas d'être assiégé. Le roi de Perse rassembla toutes ses forces et celles de ses alliés pour les envoyer au secours de la place. Il arriva une chose singulière : les deux armées, qui se cherchaient l'une l'autre, prirent l'épouvante toutes les deux lorsqu'elles s'approchèrent, et fuirent chacune de leur côté. Les Perses se précipitèrent dans l'Euphrate, où il en périt près de 100,000 ; les Romains abandonnèrent le siége de Nisibe, brûlèrent leurs machines, et se retirèrent sur les terres de l'empire. Cette guerre finit l'an 422 par un traité de paix, dont la principale condition fut que le roi de Perse laisserait aux Chrétiens de ses États la liberté de professer leur religion.

L'an 540, Chosroës, autre roi Sassanide des Perses, jaloux du succès des armes de Justinien, qui avait recouvré l'Afrique, fit irruption dans la Syrie, où il mit tout à feu et à sang. Hiéraple et Antioche, les deux plus considérables villes de cette province, éprouvèrent les effets les plus marqués de sa perfidie et de sa cruauté. Justinien obtint la paix de lui, la même année, en s'obligeant à lui payer une pension annuelle de 500 livres pesant d'argent, outre 1,000 que Chosroës se fit compter sur-le-champ. Deux ans après, le roi de Perse reprend les armes contre l'empire, et s'avance vers la Palestine au printemps de l'an 542. Bélisaire, envoyé contre lui, l'oblige, sans tirer l'épée, à reprendre la route de ses États. L'an 544, il lève le siége d'Edesse, en Mésopotamie, après avoir fait de longs et vains efforts pour s'en rendre maître : cet échec l'engage à conclure une trève de cinq ans avec les Romains. L'an 554, il remporta des avantages considérables dans la Sazique (l'ancienne Colchide), soumise aux Romains. Gubase, roi de ce pays, instruisit l'empereur de la mauvaise conduite des généraux qu'il y avait envoyés, et sa mort qu'ils complotèrent fut le prix de ses justes accusations. Pour effacer l'horreur de cet assassinat, ils vont faire le siége d'Onogare, avec une armée de 50,000 hommes. Chosroës fond sur eux avec 3,000, et les taille en pièces. Ce revers fut réparé l'année suivante, par une grande victoire que le général Justin remporta sur les Perses, devant la ville de Phase, qu'ils assiégeaient. L'an 562, traité de paix entre les Perses et les Romains; c'était une des conditions de ce traité que Chosroës cesserait de persécuter les Chrétiens dans ses États. Il la viola quelques années après, en voulant contraindre les Persarméniens d'abjurer le Christianisme, qu'ils professaient. Ce peuple, l'an 571, a recours à l'empereur Justin II, dont il implore la protection. La guerre, à cette occasion, recommence entre l'Empire et la Perse. L'an 576, Chosroës, battu par le général Justinien dans les plaines de Militine, ville du Pont, est obligé de repasser l'Euphrate, après avoir perdu la plus grande partie de son armée. Les vainqueurs le poursuivent jusqu'au centre de ses États, qu'ils dévastent. L'an 579, il meurt à Ctésiphon, vers le mois de mars, à l'âge de 80 ans; ce prince eut de grands vices et de plus grandes qualités.

Isdegerde III fut proclamé roi de Perse en 632. En 637, Saad, général Arabe, neuf mois après s'être rendu maître de Madaïn, capitale de la Perse, défait Isdegerde en bataille rangée, et l'oblige à prendre la fuite. Cet échec entraîna la perte de ses États, à l'exception du Sigestan, où il conserva une espèce de souveraineté. L'an 652, Isdegerde fut tué par des rebelles, laissant un fils qui se sauva en Chine. La Perse devint alors une portion de l'empire des califes; elle fut ensuite démembrée par différents Princes arabes ou étrangers, qui en érigèrent diverses provinces en autant de souverainetés, ce qui dura jusqu'à la dynastie des Sophis, qui réunirent toute la Perse sous un seul monarque, vers l'an 1501.

Barbier.

Septembre 1808.

En soumettant à l'Empereur l'aperçu rapide qu'on vient de lire, M. Barbier lui annonça en même temps qu'il s'était adressé au savant géographe Barbié du Bocage, Membre de l'Académie des inscriptions et belles-lettres, pour l'exécution des cartes et pour les recherches géographiques et historiques relatives aux mémoires particuliers sur les diverses expéditions des Parthes.

Pendant les premiers mois de la campagne d'Espagne, diverses demandes, concernant les travaux confiés à M. Barbié du Bocage, furent adressées au quartier-général, ainsi qu'on le voit par les passages suivants, extraits de deux lettres du baron Meneval au bibliothécaire de l'Empereur.

. . . .

« Je n'ai pas parlé à Sa Majesté de la demande de fonds que vous faites pour M. Barbié du Bocage ; c'est une affaire purement administrative qui a besoin des formes de bureau. »

. . . .

Aranda de Duero, 27 septembre 1808.

MENEVAL.

. . . .

« Je ne puis vous donner de lettre pour le Grand Chambellan, parce que je n'ai pas de caractère pour faire comprendre telle ou telle dépense dans ses comptes; mais il est dans les attributions de sa place de faire un rapport à Sa Majesté, ou de le faire faire par l'Intendant-Général. »

. . . .

Madrid, 16 décembre 1808.

MENEVAL.

D'après l'avis qui venait de lui être donné par le secrétaire de l'Empereur, M. Barbier adressa, le 28 décembre 1808, le rapport suivant au Prince de Talleyrand, alors Grand Chambellan, et qui, en cette qualité, avait dans ses attributions tout ce qui concernait le service des bibliothèques de la couronne.

RAPPORT A S. A. S. LE PRINCE DE BÉNÉVENT, GRAND
CHAMBELLAN DE S. M. L'EMPEREUR ET ROI.

Monseigneur,

Par une lettre datée de Bayonne le 17 juillet dernier, Sa Majesté l'Empereur et Roi m'a ordonné de rédiger, avec un de nos meilleurs géographes, des Mémoires sur les campagnes qui ont eu lieu sur l'Euphrate et contre les Parthes, en y joignant des cartes d'une dimension convenable.

Au retour de Bayonne, j'ai eu l'honneur de dire à Sa Majesté que M. Barbié du Bocage, élève de d'Anville, et connu par des travaux géographiques de la plus grande importance, se chargerait avec reconnaissance de la rédaction des mémoires et de la confection des cartes. J'ajoutai que ce travail serait long et cher. Sa Majesté daigna m'autoriser à recourir aux lumières et à l'habileté de M. Barbié du Bocage.

Au retour d'Erfurt, Sa Majesté m'a demandé où en était le travail relatif aux Parthes, et sur ma réponse, elle voulut bien m'autoriser à me présenter devant elle accompagné de M. Barbié du Bocage.

Deux jours avant le départ pour l'Espagne, nous avons eu l'honneur de présenter à Sa Majesté plusieurs mémoires et plusieurs cartes. L'Empereur a examiné ces dernières avec beaucoup d'attention. Jusqu'à ce moment M. Barbié du Bocage a rédigé quatre mémoires ; le cinquième est en train. Des cartes qui doivent les accompagner, deux sont terminées, et les trois autres sont commencées. Les Mémoires qui sont faits comprennent l'expédition de Lucullus contre Tigrane, roi d'Arménie ; celle de Pompée contre Mithridate,

Tigrane, les Colchidiens et les Ibériens ; celle de Crassus contre les Parthes ; celle d'Antoine en Arménie et contre les Parthes, et celle de Caïus Julius César dans les mêmes pays.

M. Barbié du Bocage croit pouvoir réduire à 32 ou 33 les principales Expéditions dont le détail est attendu de Sa Majesté. Les autres s'y rattacheront. Chaque mémoire comprendra toutes les remarques que peut fournir l'histoire sur la nature du terrain, et il sera accompagné de cartes, plus ou moins détaillées, selon l'importance de chaque expédition.

J'ai l'honneur d'inviter V. A. S. à vouloir bien proposer à Sa Majesté de donner, en ce moment, à M. Barbié du Bocage la somme qu'elle jugera convenable, à-compte sur ce qui peut lui être dû, pour l'important travail dont il est chargé.

Je suis, etc.

BARBIER,
Bibliothécaire de l'Empereur.

Paris, 28 décembre 1808.

Nous ignorons par quel motif les travaux géographiques demandés par l'Empereur ne furent pas continués ; mais nous voyons d'après la liste des cartes et manuscrits laissés par M. Barbié du Bocage, décédé en 1825, que pendant plusieurs années ce savant géographe continua de s'occuper de ces mêmes recherches, car on trouve la date de 1810 sur les originaux de cartes et mémoires concernant les premières expéditions des Romains dans l'Asie (1). La publication d'aussi curieux mémoires aurait certainement un véritable intérêt ; il

---

(1) Voir page xxvi de la *Notice sur la vie et les ouvrages de M. Barbié du Bocage*, par M. M. Barbié du Bocage fils. Paris, 1826, in-8°.

est bien à désirer qu'ils soient un jour imprimés, et qu'on puisse également connaître les cartes qui les accompagnaient.

Nous terminerons en rapportant ici quelques lignes sur les Parthes, dictées par Napoléon à Sainte-Hélène, et empruntées à l'*Appendice aux Mémoires de Napoléon*, publié en 1836, sous le titre de *Précis des guerres de César*, *par Napoléon*, écrit par M. Marchand, à Sainte-Hélène, sous la dictée de l'Empereur (1).

(1) M. Marchand, ancien valet de chambre de Napoléon, donne dans la préface de ce volume les détails suivants sur cette publication :

« C'est au général comte Bertrand que je dois de pouvoir livrer à l'impression les notes de l'Empereur sur les Commentaires de César, qui étaient restées entre ses mains, et qui, depuis dix-huit mois, sont entre les miennes.

« La nature de mon service me tenant sans cesse auprès de l'Empereur, m'a appelé, soit à l'honneur de lui faire des lectures, soit à écrire sous sa dictée. C'est ainsi que les notes sur les Commentaires de César m'ont été dictées entièrement et presque constamment dans de longues insomnies, où le travail, disait-il, apportait de l'adoucissement à ses souffrances, et jetait quelques fleurs sur le chemin qui le conduisait au tombeau.

» N'ayant d'autres droits à faire valoir pour devenir propriétaire de ce manuscrit que la dictée qui m'en avait été faite, j'en écrivis à M. le comte Bertrand. Sa réponse fut celle que je devais attendre de la bonté dont il m'a toujours honoré et de l'obligeance qui lui est habituelle. En me laissant libre de faire de ce manuscrit l'usage qui me paraîtrait convenable, il s'est réservé l'honneur d'en éclaircir quelques passages lors de la publication, d'après les paroles mêmes qu'il pouvait avoir recueillies de l'Empereur en diverses occasions.

» Certes, s'il appartient à quelqu'un de fixer l'opinion sur la pensée de l'Empereur, c'est bien à l'homme qui a vécu dans sa plus grande intimité, et qui par ses talents est capable d'éclaircir, s'il y en a, les passages qui seraient obscurs dans l'ouvrage.

» Quant à moi, ma mission est de le livrer à l'impression tel qu'il m'a été dicté par l'Empereur, sans permettre que la plus légère altération y soit faite. Les hommes de l'art jugeront de la profondeur des pensées; c'est fidèlement que je les transmets à la postérité. »

« Crassus avait péri avec son armée sur les bords de
» l'Euphrate; les aigles de ses légions étaient encore
» entre les mains des Parthes; le peuple Romain ré-
» clamait une vengeance que les guerres civiles retar-
» daient depuis six ans. César, dans les premiers jours
» de l'an 44, annonça son dessein de passer la mer, de
» soumettre les Parthes et de venger les mânes de
» Crassus. Pendant tout l'hiver il fit travailler aux pré-
» paratifs de cette grande expédition, que réclamait
» la gloire de Rome et l'intérêt de César; en effet, après
» une guerre civile aussi acharnée, il fallait une guerre
» étrangère pour amalgamer les restes de tous les partis
» et recréer les armées nationales.

» La guerre contre les Parthes avait deux difficultés :
» 1° La manière de combattre de ces peuples, qui
» étaient tous armés d'armes de jet d'une nature su-
» périeure aux armes ordinaires. Les flèches des Parthes
» perçaient les boucliers des légionnaires; ils n'atten-
» daient pas le choc des pesamment armés, mais ils
» les accablaient de loin. Labienus avait employé ce
» genre de guerre avec succès en Afrique, il est pro-
» bable que César en eût triomphé en leur opposant
» un grand nombre de gens de trait tirés de Crète, des
» îles Baléares, d'Espagne et d'Afrique.

» 2° La seconde difficulté était la nature du pays. En
» pénétrant par la Haute-Arménie, il fallait long-temps
» faire la guerre dans des pays de montagnes; en pé-
» nétrant par l'Euphrate et la Mésopotamie, on ren-
» contrait des marais, des inondations et des déserts
» arides. Tous ces obstacles n'étaient point au-dessus

» du génie de César. Une nombreuse flottille sur l'Eu-
» phrate et le Tigre eût triomphé des obstacles de-
» eaux, et un grand nombre de chameaux chargés
» d'outres eussent fait disparaître l'aridité du désert.
» Il est donc probable qu'il eût réussi et eût porté l'aigle
» romaine sur les bords de l'Indus, si toutefois la for-
» tune, qui pendant treize campagnes l'avait favorisé,
» lui fût encore restée constante. Elle a favorisé Scipion
» pendant cinq campagnes; Alexandre pendant onze
» campagnes; elle n'a abandonné Pompée qu'à sa
» seizième campagne, et Annibal qu'à la dix-septième,
» et sans pouvoir espérer de captiver encore un an cette
» cruelle. »

L. B.

www.ingramcontent.com/pod-product-compliance
Lightning Source LLC
Chambersburg PA
CBHW061612040426
42450CB00010B/2448